OBSERVATIONS

RESPECTUEUSEMENT ADRESSÉES

A M. LE MINISTRE DE L'INSTRUCTION PUBLIQUE

ET

A MM. LES MEMBRES DU CONSEIL SUPÉRIEUR DE L'INSTRUCTION PUBLIQUE

PAR

LA FACULTÉ LIBRE DE DROIT DE LILLE

AU SUJET DU

PROJET DE RÉFORME DES ÉTUDES DE LICENCE

Proposé par M. LOCKROY

Précédent Ministre de l'Instruction publique.

LILLE

IMPRIMERIE DE J. LEFORT

1889

OBSERVATIONS

RESPECTUEUSEMENT ADRESSÉES

A M. LE MINISTRE DE L'INSTRUCTION PUBLIQUE

ET

A MM. LES MEMBRES DU CONSEIL SUPÉRIEUR DE L'INSTRUCTION PUBLIQUE

PAR

LA FACULTÉ LIBRE DE DROIT DE LILLE

AU SUJET DU

PROJET DE RÉFORME DES ÉTUDES DE LICENCE

Proposé par M. LOCKROY

Précédent Ministre de l'Instruction publique.

LILLE

IMPRIMERIE DE J. LEFORT

1889

PROJET DE M. LOCKROY

(Officiel du 18 Janvier 1889, page 180.)

PREMIÈRE ANNÉE.

(Commune à tous.)

Droit romain (considéré surtout comme introduction à l'étude du droit français).
Code civil.
Économie politique.
Histoire générale du droit français (1er semestre).
Droit constitutionnel (2me semestre).

DEUXIÈME ANNÉE.

(Enseignements communs.)

Code civil.
Droit administratif.

Enseignements à option.

Droit romain.
Procédure civile.
Science et législation financières.
Organisation judiciaire et procédure civile (1er semestre).
Droit criminel (2e semestre).

TROISIÈME ANNÉE.

(Enseignements communs.)

Code civil.
Droit commercial.

Enseignements à option.

Droit criminel.
Droit international privé (avec notions générales de droit international public).
Droit des gens général (1er semestre).

Option entre trois des enseignements semestriels suivants :

Droit administratif approfondi.
Droit des gens approfondi.
Législation coloniale.
Économie coloniale.
Législation industrielle.

REMARQUE : Double par les études, la licence est unique par le diplôme et les droits qu'elle confère.

OBSERVATIONS

DE LA

FACULTÉ LIBRE DE DROIT DE LILLE

MONSIEUR LE MINISTRE,

MESSIEURS,

Les Facultés de droit de l'État ont été seules appelées par le précédent Ministre de l'Instruction publique à donner leur avis sur le projet de réforme des études de licence qu'il a élaboré. Les Facultés libres, qui sont asservies aux règlements officiels, et auxquelles le nouveau programme s'imposerait comme aux Facultés de l'État, sont aussi intéressées que ces dernières à déposer dans cette enquête. Celle de Lille vous demande de vouloir bien entendre ses observations, qu'elle s'est efforcée de rendre aussi brèves que précises.

I

Il y a plusieurs points, dans le projet du Ministre, qui obtiennent l'approbation entière de la Faculté.

1. — Nous sommes heureux qu'on introduise dans le

programme de licence le droit constitutionnel et le droit international public. On comble enfin une double lacune, qui était inexplicable dans un pays où tant d'hommes aspirent à la vie publique. Sans ces deux sciences, l'une et l'autre parfaitement dignes de ce nom, on ne peut avoir la pleine intelligence de l'histoire moderne, et l'on n'est pas vraiment capable d'administrer les affaires de l'État.

2. — Nous trouvons qu'on a raison de placer le droit constitutionnel en première année. Il est convenable que l'étude des lois commence par l'étude de la Souveraineté qui les fait.

3. — Nous applaudissons au changement qui place aussi en première année l'économie politique. L'économie politique se rapproche tout à la fois de la philosophie et des sciences naturelles, que les jeunes bacheliers viennent d'étudier. Cet enseignement, et celui du droit constitutionnel, qui touche à l'histoire par tant de points, empêcheront les recrues du droit d'être complètement dépaysées dans un monde nouveau et déconcertées par des méthodes inaccoutumées.

La Faculté de Lille souscrit avec d'autant plus d'empressement à ces modifications qu'elle les a dès longtemps réclamées, notamment, par la bouche de son doyen, dans la séance de rentrée du 10 novembre 1881.

II

Mais le projet de M. Lockroy contient d'autres innovations que nous ne pouvons approuver. Parmi elles, les unes nous paraissent désastreuses pour la science du droit en France; quelques autres nous paraissent seulement inutiles ou exagérées. Nous avons aussi à signaler, dans ce plan de réforme générale, quelques lacunes qui nous étonnent.

1. — Notre premier grief, qui n'est le plus grave que parce qu'il contient déjà le second, est l'option capricieuse qui serait laissée aux étudiants, en seconde et en troisième années, entre deux groupes de cours. Des cours différents, librement choisis par les élèves, les conduiraient au même diplôme et aux mêmes carrières.

Il faudrait bien peù connaître les étudiants pour ne pas prévoir ce qui arrivera infailliblement. Ils choisiront en masse les cours les plus attrayants par l'actualité de leur objet, et surtout ceux qui demandent moins d'efforts et qui peuvent être le plus facilement assimilés pour un examen. Parfois ce sera la parole brillante d'un professeur, l'impopularité d'un autre, qui déterminera leurs préférences. Toujours il y aura un courant qui les entraînera tous d'un côté. Dans la Faculté officielle de Paris, grâce au nombre énorme de ses étudiants, le vide absolu ne se fera, sans doute, autour d'aucune chaire. Mais, dans toutes les Facultés de province, on peut être sûr que plusieurs professeurs seront réduits à l'inaction, ou donneront un enseignement découragé à trois ou quatre auditeurs.

Et l'on sait, dès à présent, quels seront les cours délaissés : le cours complet de procédure, le cours complet de droit criminel, le cours de droit international privé, et surtout le second cours de droit romain, seront sacrifiés aux cours nouveaux.

2. — Notre second grief contre le projet de M. Lockroy, c'est qu'il porte, en effet, un coup mortel au droit romain, et qu'il abaissera, par là même, le niveau général de la science juridique et surtout de l'art juridique en France.

Nous ne nous attarderons pas à démontrer ici l'utilité de l'étude du droit romain. Pour ceux qui ne sont pas jurisconsultes, nous parlerions une langue étrangère ; pour ceux qui le sont, nous ne dirions que des vérités évidentes et banales. Nous nous contentons d'affirmer, avec tout ce qui compte dans la science du droit, 1° que la connaissance du droit romain est aussi indispensable à celle du droit civil français que la connaissance de la langue latine l'est à celle de la langue française ; 2° que l'étude des travaux des Prudents forme autant l'esprit juridique, c'est-à-dire le tact, la sagacité et la finesse, que l'étude des chefs-d'œuvre littéraires de l'antiquité forme le goût, le style et l'éloquence.

Un éminent professeur de l'Université de Cambridge, M. Sumner Maine, reconnaissait naguère que l'infériorité notoire de sa patrie dans l'art législatif, le médiocre éclat qu'elle a jeté dans la science du droit, et le chaos de sa jurisprudence, ont pour cause le peu de développement de l'étude du droit romain en Angleterre.

Cette noble étude, il ne faut pas se le dissimuler, est ruinée en France si le projet de M. Lockroy est adopté, et elle périra de la manière la moins digne et la plus imméritée : le droit romain, qui a été droit français pendant quinze cents ans, sera condamné par le suffrage universel des étudiants de seconde année.

Il est vrai qu'un cours de droit romain obligatoire pour tous les étudiants est maintenu en première année. Mais ce cours sera extrêmement élémentaire. Or l'étude du droit romain n'est utile qu'autant qu'elle est pénétrante et

minutieuse. Dans un examen rapide et superficiel de tout
le droit romain, les étudiants seront étonnés de tout ce que
les premiers principes de ce droit ont d'arbitraire et de
formaliste, et ne verront point l'habileté profonde avec
laquelle ces principes ont été appliqués et modifiés. Le
côté artistique du droit romain leur échappera complètement.
Ils ne retireront presque aucun fruit, pour leur formation
juridique, d'un cours qui ne sera qu'une copieuse table des
matières. Un tel enseignement achèvera de discréditer le droit
romain auprès des générations nouvelles, et, dans quelque
vingt ans, un autre Ministre de l'Instruction publique se
laissera facilement persuader que cette étude est inutile et
surannée, et doit faire place, par exemple, à un cours de
législations étrangères.

Quant au cours facultatif de droit romain, placé par le
Ministre en seconde année, en admettant que dans quelques
Facultés il puisse être donné devant une poignée d'étudiants
laborieux, les conditions qui lui sont faites par le projet
sont si peu pratiques, qu'il est impossible de concevoir
comment le professeur pourra le construire utilement. Le
professeur ne pourra pas faire un exposé méthodique de
tout le droit romain, car il ne disposera pas de plus de
temps en seconde année qu'en première, et il ne ferait que
répéter l'enseignement élémentaire qu'il a déjà donné.
Enseignera-t-il à fond seulement une partie du droit romain?
Alors les étudiants n'apprendront point le droit romain,
mais un fragment du droit romain; ils ne connaîtront pas
l'ensemble harmonieux de l'édifice. Enseignera-t-il sur
chaque matière les points délicats et les détails omis en
première année? Le cours ne présentera qu'une suite de
lambeaux détachés de leur place naturelle et de leur cadre,
sans lien, sans vie, sans clarté et sans intérêt.

3. — Nous trouvons que le projet du Ministre accorde trop d'importance à quelques enseignements qui, en dehors d'un très petit nombre de questions, n'offrent pas un réel caractère scientifique, et chargeront inutilement la mémoire des étudiants, sans développer en rien la finesse juridique de leur esprit. Tels sont les cours de législation industrielle et de législation coloniale. A part les difficultés très délicates auxquelles donnent lieu en droit industriel les brevets d'invention et les marques de fabrique, ces cours ne seront guère que des nomenclatures et des lectures de lois nombreuses, dont l'interprétation ne demande aucun effort, et dont il suffit d'avoir le texte sous la main dans quelque recueil. La législation industrielle et la législation coloniale comportent, à nos yeux, un petit nombre de leçons ajoutées aux enseignements les plus voisins, mais nullement des cours semestriels.

Presque toutes les matières qu'on comprend sous le nom de science et législation financières rentrent dans les cours de droit administratif et de droit commercial. Là aussi, il suffit d'ajouter quelques leçons spéciales à ces cours, et il n'est point nécessaire de créer une chaire nouvelle.

Quant au cours d'économie coloniale, ce ne sera qu'un cours de géographie commerciale, dont la vraie place serait dans les écoles supérieures de commerce, et non dans les Facultés de droit.

4. — En revanche, le projet ministériel laisse de côté plusieurs enseignements importants, dont les meilleurs esprits souhaitent l'introduction dans les Facultés de droit.

Nous ne parlerons pas du cours de droit naturel ; il a et il gardera une place dans la Faculté libre de Lille; mais nous comprenons les difficultés presque insurmontables qui ·s'opposent à sa création dans les Facultés de l'État.

Nous voulons parler d'abord de l'enregistrement, qui offre à la fois un grand intérêt scientifique et un immense intérêt pratique, et qui est aussi propre que le droit civil lui-même à aiguiser l'esprit juridique.

Nous voulons parler aussi du droit canon, qui est la législation de la plus vaste société du globe, et dont la connaissance est utile à l'administrateur, à l'homme d'État, au diplomate, au publiciste, quelles que soient du reste leurs convictions religieuses.

III

Mais il ne suffit pas d'apprécier isolément les mesures du projet ministériel, et de signaler celles qui sont bonnes et celles qui sont mauvaises ou incomplètes. Il faut présenter un projet qui reproduise celles-là en évitant celles-ci, et sans offrir d'autres inconvénients.

Aux yeux de la Faculté libre de Lille, il est possible et facile d'atteindre cet idéal, mais seulement avec un plan d'études uniforme pour tous les étudiants de licence et dont le programme va être proposé tout à l'heure.

La Faculté se prononce donc contre tout système qui diviserait les cours et les élèves en deux sections, l'une des sciences juridiques proprement dites, l'autre des sciences administratives et sociales.

Elle admet et approuve la division pour le doctorat ; elle la repousse pour la licence. Les meilleures combinaisons de ce genre ont inévitablement des défauts graves, que nous indiquerons en exposant et en justifiant nos préférences.

Mais, pour le cas où l'autorité compétente serait résolue

à adopter le principe de la division, nous croyons devoir faire connaître les conditions qui, selon nous, peuvent seules le rendre praticable et l'empêcher d'être fatal aux fortes études.

1. — Le programme de la section des sciences juridiques devrait être, avec quelques changements dans l'ordre des cours et avec l'addition d'un cours trimestriel d'enregistrement, le programme actuel des Facultés de droit. .

Le programme de la section des sciences administratives et sociales ne comprendrait pas le droit romain; mais, avec le droit civil, un cours d'économie politique de deux années, un cours de droit administratif de deux années, le droit constitutionnel français et étranger, le droit des gens, le droit canon, la législation industrielle, coloniale et maritime.

2. — Les deux plans d'études aboutiraient à deux licences distinctes, et les deux diplômes ouvriraient deux catégories différentes de carrières.

La licence juridique serait requise pour la magistrature, le barreau, l'enseignement, et, s'il était possible, pour les fonctions d'avoué et de notaire.

La licence administrative serait exigée pour le conseil de préfecture, le conseil d'État, la cour des comptes, la diplomatie, le commissariat de marine, et, s'il était possible, pour les fonctions de préfet et de sous-préfet. Elle devrait s'ajouter à la première et au doctorat pour l'enseignement dans la section administrative.

3. — L'étudiant pourvu d'une des deux licences pourrait à toute époque acquérir l'autre par une année d'études

supplémentaire. Dans cette année, l'étudiant nanti de la licence administrative devrait suivre, pour conquérir la licence juridique, les deux cours de droit romain, le cours de droit international privé et le cours d'enregistrement. L'étudiant pourvu de la licence juridique obtiendrait l'autre, en suivant la seconde année du cours d'économie politique, la seconde année du cours de droit administratif, le droit constitutionnel, le droit des gens et le droit canon.

4. — On pourrait même donner aux étudiants de chaque section la faculté d'acquérir sans intervalle obligatoire les deux diplômes, à la condition de prouver que, dans leurs trois ans d'études, ils ont suivi, outre les cours de leur section, ceux des cours de l'autre section qui viennent d'être indiqués.

Ce système ne permettrait pas aux étudiants de faire capricieusement le vide autour d'une catégorie de chaires; il maintiendrait au droit romain la grande place qu'il mérite; il concilierait le vœu plusieurs fois exprimé par la Faculté de Paris, qu'une quatrième année fût ajoutée à la licence, et les raisons pratiques, rappelées par le Ministre, qui s'opposent à ce qu'une prolongation des études soit imposée à la masse des étudiants. Tous ceux qui ont un but déterminé en entrant à l'école de droit (et ils sont plus nombreux que M. le ministre Lockroy ne le supposait), et tous ceux qui, après leur licence, trouveraient un débouché du côté où ils s'étaient dirigés, ne feraient que trois ans d'étude. Ceux-là seulement qui changeraient de projet au cours ou à la fin de leur licence, et ceux qui n'auraient aucun but préféré, seraient forcés, pour avoir accès aux carrières ouvertes par l'autre diplôme, de s'astreindre à une quatrième année d'études. Et tous ceux-là mêmes, comme on l'a vu, s'ils sont laborieux et prévoyants, pourraient en trois ans conquérir les deux diplômes. Facultative à un double titre, la quatrième année d'études ne paraîtrait lourde à aucun étudiant et à aucune famille.

Dans de telles conditions, le système du sectionnement est possible et assez plausible. La Faculté libre de Lille avait songé en 1878 à le mettre en pratique dans la mesure où elle le pouvait, et elle lui avait même donné un commencement d'exécution. Notre affiche annonçait pour la rentrée de 1878-1879 la création d'une section des sciences administratives et sociales, comprenant trois années d'études, et en donnait le programme.

Mais l'expérience et la réflexion nous ont prouvé que, même avec tous les correctifs possibles, le double programme est de beaucoup inférieur au programme unique que nous allons proposer.

IV

Nous repoussons le double programme :

1. — D'abord parce qu'il scinderait en deux auditoires minimes l'auditoire déjà si peu nombreux qui entoure les chaires dans presque toutes les Facultés. Or, non seulement la dignité et le prestige de l'enseignement disparaissent, mais sa valeur même s'abaisse quand il n'est donné que devant quelques élèves. Ni les professeurs ni les étudiants n'y trouvent autant d'intérêt et n'y dépensent autant de soin.

2. — Nous le repoussons, en second lieu, parce qu'il exigerait dans chaque Faculté un nombre excessif de pro-

fesseurs. Si cette multiplication des chaires était nécessaire ou même simplement utile à l'enseignement, il ne faudrait point la différer d'un jour. Mais nous allons prouver tout à l'heure qu'elle est inutile. Deux ou trois chaires nouvelles seulement sont désirables dans chaque Faculté. Or le budget de l'État et celui des établissements libres ne sont pas tellement prospères que l'on puisse doter toutes les Facultés de droit de cinq ou six chaires *ad meram ostentationem*. Stérile pour l'enseignement, cette augmentation considérable des professeurs ne serait non plus d'aucun profit pour les progrès de la science. Les hommes supérieurs font seuls avancer la science ; les hommes supérieurs sont assez rares pour que le nombre actuel des chaires suffise à leur ouvrir les avenues de la science ; la création des nouvelles chaires n'appellera à l'enseignement que des hommes de second ordre.

3. — Enfin et surtout nous repoussons le sectionnement, parce que les enseignements qui seraient propres à chaque section sont utiles à tous les étudiants. Le licencié qui n'aura pas fait de droit romain et le licencié qui n'aura pas fait de droit constitutionnel et de droit des gens seront également incomplets. Pourquoi priver les uns et les autres d'une partie si notable de la science, alors qu'il est possible d'éviter ces mutilations?

Il est possible, en effet, sans surcharger les étudiants, sans leur imposer plus de deux leçons par jour, et sans faire déborder l'enseignement hors du cadre de trois années, de dresser un programme unique qui maintienne tout ce qui est essentiel dans le programme actuellement en vigueur et qui introduise tout ce qui est important dans les enseignements délaissés jusqu'à ce jour.

Il suffit pour cela de resserrer un peu deux enseignèments auxquels on accorde actuellement plus de temps qu'ils n'en réclament, de supprimer complètement du programme de licence, pour le reporter dans celui du doctorat, un enseignement qui n'est vraiment pas à sa place en licence, et de distribuer le temps ainsi obtenu entre les nouveaux enseignements, qui peuvent s'en contenter.

Voici le programme que ces moyens nous ont permis de dresser, et qui nous semble tout concilier.

Nous nous arrêterons après chacune des trois années pour justifier les idées qui nous sont propres.

PREMIÈRE ANNÉE

I. Droit romain.

II. Droit civil.

III. Économie politique.

IV. { Histoire externe du droit français : un semestre. Droit constitutionnel et organisation judiciaire : un semestre.

Ici, il y a presque identité entre notre programme et celui de M. Lockroy.

Toutefois, dans le nôtre, le cours de droit romain n'est pas une simple vue d'ensemble de tout le droit romain, mais reste ce qu'il est aujourd'hui et a pour thème les deux premiers livres seulement des Institutes.

Le cours d'histoire du droit français n'embrasse que l'histoire externe et ne pénètre pas dans le détail des institutions de droit privé. L'étude interne du droit privé ancien ne pourrait pas tenir dans un cours semestriel, ni même dans un cours annuel. Cette étude serait, du reste, prématurée en première année. Les professeurs de droit civil, pendant les trois années de leur enseignement, font connaître, à propos de chaque matière, les particularités les plus remarquables de l'ancien droit français. Le reste constitue une science de pure érudition, qui offre un grand intérêt, mais qui développe peu l'esprit juridique proprement dit, et qui n'est point utile au praticien. Sa vraie place est dans le programme du doctorat.

Nous joignons au droit constitutionnel l'organisation judiciaire, parce qu'il importe que les étudiants connaissent le plus tôt possible, non seulement la Souveraineté, qui fait les lois, mais encore les tribunaux, qui les gardent, et qui ne sont, du reste, que des organes de la Souveraineté. Le cours de droit constitutionnel assigné aux docteurs en vue du troisième examen ne comporte, d'après les règlements officiels, que quarante leçons. Donc un semestre, soit cinquante leçons environ, doit amplement suffire pour enseigner aux étudiants de première année et les principes du droit constitutionnel et l'organisation judiciaire.

DEUXIÈME ANNÉE

I. Droit romain.
II. Droit civil.
III. Droit administratif et financier.
IV. { Droit des gens : un semestre.
Législation industrielle, coloniale et maritime : un semestre.

Nous annexons le droit financier au droit administratif, dont il n'est, en réalité, qu'une des parties les plus importantes. Toute la théorie des impôts, toute celle du budget, toute celle des emprunts, de la rente, de l'amortissement ont toujours été exposées dans le cours de droit administratif. Il suffit de donner un peu plus de développements à certaines questions pour que toute la législation financière soit sérieusement enseignée dans le cours de droit administratif. Le cours de droit administratif, étant allégé d'un bon nombre de leçons, soit par le cours de droit constitutionnel et d'organisation judiciaire, soit par le cours de législation industrielle, coloniale et maritime, peut facilement recevoir, en échange, un nombre assez copieux de leçons de législation financière.

Un semestre est consacré au droit international public, soit cinquante cours environ. Donné en vue du doctorat dans plusieurs Facultés, notamment dans la nôtre, cet enseignement n'en a jamais exigé davantage.

Le semestre qui reste libre est plus que suffisant pour enseigner toutes les questions importantes de la législation industrielle, de la législation coloniale et de la législation maritime.

TROISIÈME ANNÉE

I.   Droit civil.

II.   Droit commercial.

III.   Droit criminel.

IV.   { Procédure : deux trimestres. Enregistrement : un trimestre.

Nous plaçons le droit criminel et la procédure en troisième année, parce que cette année doit être, à nos yeux, préparatoire à la pratique.

Nous réduisons la procédure à deux trimestres (soixante-dix leçons environ), parce que, d'abord, l'organisation judiciaire, faite en première année, a déchargé ce cours d'une longue matière; ensuite, parce que, de l'aveu même des professeurs de procédure; il est possible de resserrer dans ce cadre toutes les parties essentielles de cette science.

Le trimestre qu'abandonne la procédure, soit trente leçons environ, nous l'attribuons à l'enregistrement, dont nous avons plus haut signalé toute l'importance.

Quant au cours de droit international privé, c'est lui que nous supprimons tout entier du programme de licence et que nous transportons dans le programme de doctorat. Cette branche de la jurisprudence a toujours présenté un haut intérêt scientifique, et, dans un siècle où les peuples se répandent les uns chez les autres, elle offre un intérêt pratique considérable ; mais à la différence du droit des gens public, de l'enregistrement et du droit constitutionnel, elle n'est pas pour les licenciés une région inconnue et mystérieuse. Ce droit n'est qu'une partie du droit privé. Toutes les questions qu'il soulève sont indiquées et résolues dans le cours de droit civil et de droit commercial ; un cours de droit international privé est simplement la révision très approfondie de principes déjà rencontrés. Cette révision savante constitue un cours de doctorat, non un cours de licence.

Le programme que nous proposons est muet sur le droit canon, parce que nous croyons que cet enseignement, malgré son intérêt et son importance, n'a aucune chance d'être introduit dans le programme officiel. Mais il sera facile aux Facultés, qui, comme la nôtre, ne voudront pas se résigner à une telle lacune, de donner aux étudiants des notions élémentaires de droit canon dans un cours supplémentaire hebdomadaire, placé soit en seconde, soit en troisième année. Une fois par semaine pendant un an ou pendant un semestre, les étudiants auraient à

suivre trois leçons au lieu de deux. La surcharge serait insensible.

V

Il nous reste à signaler et à solliciter instamment une réforme, qui donnerait au programme adopté, quel qu'il fût, plus d'aisance et d'ampleur, et qui nous paraît indispensable, urgente. Nous demandons que l'année académique cesse d'être réduite à une durée dérisoire.

Les cours ne sont ouverts que le 3 novembre, et ils finissent où doivent être finis dans les premiers jours de juillet, puisque les examens commencent à cette date. Si l'on réunit les grandes vacances, la période des examens, les vacances de Pâques, du premier de l'an, etc., on constate que l'enseignement effectif ne dure guère plus de sept mois. Les trois années de licence se réduisent à vingt-deux mois de cours. Sur trois ans, une année entière et un sixième d'année sont consacrés au repos, sinon pour les professeurs, du moins pour les élèves.

Il faut ajouter que plus de la moitié des étudiants de première année sont retenus loin des Facultés jusqu'au mois de décembre par les examens de baccalauréat ou par le service militaire. Il semble, en vérité, que par une singulière contradiction, on fasse bon marché d'un enseignement et d'une scolarité, dont on ne cesse de proclamer avec raison la grandeur et l'utilité.

On cherche du temps pour des cours nouveaux de médiocre étendue ; les uns proposent de prélever une année de plus sur la courte vie humaine ; les autres parlent de scinder le programme et ne voient pas d'autre moyen de fortifier la licence que de la diviser en deux faibles licences.

Pour nous, nous sommes convaincus qu'on a sous la main le temps qu'on réclame, et qu'il suffit de laisser moins de vide dans les trois années de licence.

Si la rentrée des Facultés était fixée au 3 octobre, si les examens ne commençaient que le 15 juillet, l'année académique s'enrichirait d'un mois et demi; près de cinq mois seraient ajoutés à la scolarité de la licence. Non seulement tous les enseignements nouveaux bénéficieraient largement de cette notable augmentation du nombre des leçons, mais, ce qui est encore plus important, les anciens cours, les cours de droit civil surtout, pourraient recevoir tous les développements qu'ils méritent, tandis que bien souvent, dans les Facultés qui sont maîtresses de l'examen, ils restent inachevés.

Cette réforme féconde serait heureusement complétée par un déplacement des sessions de baccalauréat, qui auraient lieu en juillet et en octobre, et par un changement analogue dans les dates d'entrée et de sortie des volontaires d'un an.

La seule objection peut venir du grand nombre d'examens qui incombent à quelques Facultés, ou plutôt à une seule, à celle de Paris. Les examens, pour la Faculté de Paris, déborderaient sur presque tout le mois d'août, et réduiraient à six semaines les vacances des professeurs.

Nous répondons qu'on peut donner à cette Faculté le nombre voulu d'agrégés pour expédier les examens, et pour permettre de suppléer très facilement les professeurs qui désireraient des congés à raison de leur santé, de leurs affaires ou de leurs travaux personnels. Cette création serait moins coûteuse en hommes et en argent que la multiplication des chaires dans toutes les Facultés. En tout cas, le bien général doit l'emporter sur le bien particulier.

En conséquence, la Faculté libre de Lille émet le vœu que les cours ne soient interrompus par les examens que le 15 juillet au plus tôt, et que la rentrée ait lieu le 3 octobre ou, au plus tard, le 15 octobre.

Telles sont, Monsieur le Ministre, Messieurs, les observations et les désirs que la Faculté libre de droit de Lille a cru devoir respectueusement porter à votre connaissance, et qu'elle soumet à votre haute sagesse.

Lille. Typ. J. Lefort.

www.ingramcontent.com/pod-product-compliance
Lightning Source LLC
Chambersburg PA
CBHW070754280326
41934CB00011B/2925